LETTRE

A

M. LE GÉNÉRAL FOY.

LETTRE

A M. LE GÉNÉRAL FOY,

PAR UN COLON DE SAINT-DOMINGUE.

PARIS,

CHEZ LES MARCHANDS DE NOUVEAUTÉS.

1822.

LETTRE

A M. LE GÉNÉRAL FOY,

PAR UN COLON DE SAINT-DOMINGUE.

Par quelle fatalité, Monsieur, un homme d'esprit comme M. le général Foy a-t-il pu se permettre, sur la parole d'autrui, des assertions aussi étranges que celles que vous avez émises à la tribune à propos de la pétition des colons blancs de Saint-Domingue?

Il faudrait, dites-vous, quarante mille hommes pour reprendre Saint-Domingue; et il y a soixante mille noirs armés !........ D'abord la population de Saint-Domingue, diminuée de moitié depuis trente ans, n'est plus que de trois cent mille âmes ; il y a plus de femmes que d'hommes : ainsi il n'y a pas à Saint-Domingue, je ne dis pas trente mille noirs armés, mais trente mille hommes

en état de porter les armes, et qui ne sauraient tenir tête à trois mille soldats français. Cependant, je l'avoue, si le gouvernement voulait rétablir l'esclavage, il faudrait,
sinon quarante mille soldats, du moins une
force assez imposante. Mais qui parle, Monsieur, de rétablir l'esclavage?..... Personne
ne peut y penser; et si les noirs savaient que
le Roi veut abolir la traite et l'esclavage, et
qu'ils seront traités comme ils l'étaient sous
Toussaint, c'est-à-dire qu'ils travailleront
pour les propriétaires en leur donnant le
quart des revenus, ils arboreraient eux-
mêmes le drapeau blanc, parce qu'ils détestent les mulâtres; c'est une vérité démon-
trée depuis long-temps.

Il est bien extraordinaire d'entendre dire
à un homme d'un vrai talent, que Saint-
Domingue est aussi florissant qu'autrefois!...
Vous ne savez donc pas, Monsieur, que la
plaine de Léogane, qui comptait plus de
cent belles sucreries, est à présent couverte
de ronces...... Vous ne savez donc pas que
l'on ne peut plus rapporter de Saint - Domingue qu'un peu de café et de coton, et
que ce commerce, utile peut-être à quelques
particuliers, serait absolument insignifiant
pour un état comme la France?

On parle d'indemniser les colons blancs, et avec quoi?...... Christophe avait ramassé quelques millions en faisant travailler les nègres à coups de sabre; mais son trésor a été pillé par ses soldats, et les mulâtres n'ont pas le sol. Saint-Domingue rapportait aux anciens propriétaires plus de 400 millions par an, et les mulâtres ne sauraient payer annuellement la centième partie de cette somme (4 millions); et quand ils le promettraient, quelle serait leur caution?... On sait qu'il n'y a pas de race plus immorale que celle des mulâtres; il faudrait une armée pour se faire payer du premier terme : ainsi il faut convenir que tout espoir d'indemnisation est une véritable chimère.

Vous parlez, Monsieur, du sénat d'Haïti, des vaisseaux d'Haïti, et d'admettre les enfans noirs dans nos écoles !.... Eh! mais dans le sénat d'Haïti il n'y a pas quatre membres qui sachent lire. La flotte d'Haïti se compose de trois ou quatre petits bâtimens qui seraient anéantis par la moindre de nos frégates !..... Quant aux enfans noirs, Buonaparte a voulu en faire instruire à Paris, leurs instituteurs n'ont jamais pu en rien faire; et l'on s'y attendait, car les naturalistes ont prouvé que, d'après leur conformation physique, leur intelligence devait être très-inférieure à celle des blancs.

Vous dites, Monsieur, que le gouvernement d'Haïti est fondé sur la liberté !... Eh! vous ignorez donc qu'aujourd'hui les mulâtres sont tout, les nègres rien ; que les mulâtres méprisent les nègres, qu'ils regardent comme leurs sujets ; que les noirs, surtout les nègres Congo, détestent les mulâtres; qu'ils aiment beaucoup mieux les blancs ; et que si les mulâtres ont d'abord traité les noirs un peu moins mal que Christophe, c'est parce qu'ils en avaient peur.

Vous parlez de la liberté d'Haïti !... La vérité est, Monsieur, qu'il n'y a pas de gouvernement plus despotique que l'aristocratie des mulâtres, qui, dans le nord surtout, ne soutiennent leur dominatian qu'à force de supplices et d'échafauds. Savez-vous pourquoi ils recherchent la France ? c'est parce qu'ils savent bien qu'ils finiraient par être égorgés par les noirs, et qu'ils espèrent que l'alliance de la France, augmentant leurs forces et leur considération, ils pourraient appesantir le joug des noirs et les accabler de travaux à l'exemple de Christophe; et l'on voudrait que le gouvernement Français devînt le complice des mulâtres !...

Vous parlez, Monsieur, de liberté! et c'est parce que les noirs veulent la liberté, que s'ils savaient que le Roi a aboli la traite et l'esclavage, ils se jeteraient dans les bras de la France, aussitôt que le gouvernement enverrait à Saint-Domingue un seul régiment pour installer le pavillon blanc. Encore une fois, ce n'est point une armée que l'on demande, on n'aurait pas besoin d'employer un seul bataillon français pour reprendre Saint-Domingue, il suffirait d'y transporter trois mille soldats, et avec quelques millions on aurait au bout d'un mois une armée noire à qui l'on donnerait pour officiers des créoles blancs et des militaires français.

On parle toujours de l'expédition de Leclerc, mais Leclerc voulait rétablir l'esclavage, et avant son départ on lui avait prédit son sort, en ajoutant que s'il voulait traiter les noirs comme Toussaint les traitait, il n'avait besoin que de quatre mille français et de quelques millions pour solder une armée de noirs commandée par des colons blancs, qui connaissent le patois et les mœurs des nègres, et sans lesquels on ne peut rien faire. Leclerc au contraire désarma tous les colons blancs!...

D'ailleurs l'enthousiasme et la population

des noirs sont diminués de moitié depuis Leclerc, et la plupart des nègres regrettent les blancs parce qu'ils se rappellent que depuis trente ans ils n'ont cessé d'être égorgés, décimés par les chefs noirs ou mulâtres, et que sur les grandes habitations, où ils étaient bien traités, on ne rachetait jamais d'esclaves.

La population étant diminuée, Saint-Domingue, dit-on, ne rendra jamais autant qu'autrefois, en donnant le quart aux nègres. A cela je répondrai qu'avant peu Saint-Domingue rendrait presque autant qu'en 1788, parce que depuis cette époque la culture a fait beaucoup de progrès, et la canne d'Otaïti qui rend le double de sucre, l'usage de la charrue pour fouiller les trous de canne, et de la machine à feu pour les moulins permettraient de faire autant de sucre avec la moitié des bras que l'on y employait autrefois. Quant à la population, d'après l'abolition de la traite, les propriétaires blancs auraient le plus grand intérêt à augmenter le nombre de leurs ouvriers; ainsi point de doute que la population augmenterait au lieu de diminuer. En vain, dirait-on, que les mulâtres pourraient en faire autant, cela leur est impossible, parce qu'ils n'ont pas un sou de crédit en Europe, parce qu'ils manquent d'une foule d'objets nécessaires pour la culture, parce qu'il y a une foule d'abus dans un pays dont on a chassé les propriétaires, parce qu'ils ne connaissent pas la culture nouvelle; enfin parce qu'ils ne peuvent jamais avoir l'activité, l'industrie, le génie des colons blancs.

Mais, dit-on encore, si l'on faisait à Saint-Domingue le moindre débarquement, les mulâtres brûleraient tout!... Ils brûleraient peut-être les villes, ce qui est peu important car ce sont les sucreries qni font la richesse de Saint-Domingue; et pense-t-on qu'il faille tant de bâtimens pour faire du sucre brut!.. Un moulin composé de trois cylindres en fonte que l'on peut porter de France, quelques chaudières aussitôt montées sur un fourneau en briques, avec des bras ce fourneau est bientôt abrité par une grange basse en torchis et recouverte en paille; ajoutez à cela quelques cabanes pour les nègres, quelques mulets ou une petite machine-à-feu pour le moulin, voilà tout ce qu'il faut pour faire du sucre brut, et l'on bâtit ensuite avec les revenus.

Saint-Domingue était habité par des colons blancs avant que l'on y portât des noirs, et l'on ne saurait donner aux mulâtres un sol qui appartient à des Francais, qui valait à la France une balance de commerce de plus de quatre-vingts millions. Un armement de six mille hommes au plus et quelques millions pour l'armée noire, suffiraient pour reprendre Saint-Domingue, cela n'est rien pour un état comme la France, et l'on voudrait qu'un peuple de 3o millions d'hommes abandonnât la propriété de ses concitoyens, la plus belle de ses colonies, à une poignée de brigands d'Afrique!.. On dit brigands, parce qu'on ne peut donner d'autre nom à des hommes qui retiennent les biens de leurs anciens maîtres. Le Roi de France traiter avec de pareils êtres!... Il faut être ennemi du nom français pour proposer une pareille infamie. Reconnaître la souveraineté des mulâtres!..,. Et de quel droit le gouvernement pourrait-il dépouiller de leurs propriétés une classe intéressante de citoyens français, vingt mille colons blancs aussi braves qu'industrieux et dévoués à la maison de Bourbon ; ce serait le premier exemple d'une spoliation aussi atroce sanctionnée par un gouvernement légitime! il est impossible d'y penser.

Saint-Domingue valait autant et plus que plusieurs de nos provinces ; que dirait-on d'un ministre français qui donnerait au roi

de Maroc, trois de nos départemens? il ne
serait pas plus coupable que celui qui pro-
poserait de reconnaître Boyer.

Le commerce de Saint-Domingue faisait
subsister cent cinquante mille manufactu-
riers, formait et entretenait trente mille matelots; nous faisons des vaisseaux, mais à
quoi nous serviront-ils si nous n'avons pas de
marins pour les monter? Que pour une an-
née seulement on destine à l'expédition de
Saint-Domingue le tiers du budjet de la marine, et Saint-Domingue sera reconquis, et
nous aurons des matelots et une marine, et
nos manufactures, qui languissent, seront
florissantes, et au bout de quelques années
on sera remboursé au centuple des dépenses
que l'on aura faites.

Il est possible que quelques hommes
soient intéressés à soutenir les révoltés noirs,
mais il est plus que temps que le gouvernement ouvre les yeux sur ces intrigues et s'oc-
cupe enfin de Saint-Domingue.

L'honneur l'ordonne, car un roi de France
ne saurait souffrir l'usurpation d'un Boyer;
et la loyauté française l'exige impérieusement,
car le Roi ne saurait abandonner à la misère,
et consentir implicitement à la spoliation
d'une classe de citoyens aussi dévouée, aussi

utile, aussi précieuse que celle des colons blancs. D'ailleurs les noirs de Saint-Domingue sont aussi les sujets du Roi ; comme les blancs ils sont hommes et les enfans de son cœur, et Sa Majesté sans doute ne pourra souffrir plus long-temps que quatre cent mille de ses sujets noirs soient décimés journellement par d'atroces tyrans, et versent leur sang et leurs sueurs pour enrichir quelques brigands africains. Non, le cœur d'un Bourbon ne saurait supporter un abus aussi cruel.

Et que diraient les cabinets de l'Europe de voir la France abandonner timidement à quelques révoltés, la plus belle de ses colonies, une province qui vaut des royaumes ?... Osons le dire, l'abandon de Saint-Domingue déshonorerait le gouvernement français.

Certes, si les ministres anglais négligeaient de comprimer quelques rebelles, et leur abandonnait lâchement une si belle possession, ils ne tarderaient pas à être mis en jugement. Lorsque la France jouit d'une paix profonde, lorsque la maison de Bourbon est pour jamais rétablie sur le trône, il ne peut plus y avoir de prétexte pour négliger Saint-Domingue.

On a démontré que sans Saint-Domingue

nous n'aurions ni matelots, ni marine; l'intérêt des manufactures et du commerce, c'est-à-dire, de tous les Français, commande la restauration de Saint-Domingue; la loyauté française, l'amour du Roi pour ses peuples l'exigent impérativement; ainsi nous devons espérer, Monsieur, que les ministres du Roi s'occuperont, sans délai, de faire enfin cesser l'usurpation des tyrans de Saint-Domingue.

DE L'IMPRIMERIE DE DAVID.